Adeilson Salles

DIÁRIO DE UM Fantasminha 2

intelítera

Editores: *Luiz Saegusa e Claudia Zaneti Saegusa*
Direção Editorial: *Claudia Zaneti Saegusa*
Ilustrações e Capa: *Rui Joazeiro*
Diagramação: *Rui Joazeiro*
Revisão: *Rosemarie Giudilli*
2ª Edição: *2024*
Impressão: *Lis Gráfica e Editora*

Rua Lucrécia Maciel, 39 – Vila Guarani
CEP 04314-130 – São Paulo – SP
11 2369-5377

intelitera.com.br
facebook.com/intelitera

Dados Internacionais de Catalogação na Publicação (CIP)
(Câmara Brasileira do Livro, SP, Brasil)

Salles, Adeilson Silva
    Diário de um fantasminha, volume 2 : a escola de fantasminhas / Adeilson Silva Salles ; ilustrador Rui Joazeiro. -- 1. ed. -- São Paulo : Intelítera Editora, 2018.

ISBN 978-65-5679-051-0

1. Literatura infantojuvenil I. Joazeiro, Rui.
II. Título.

18-17925   CDD-028.5

Índices para catálogo sistemático:
1. Literatura infantil   028.5
2. Literatura infantiljuvenil   028.5

Cibele Maria Dias - Bibliotecária - CRB-8/9427

ESTE DIÁRIO CONTINUA SENDO UMA OBRA DE FICÇÃO. (PARA OS QUE NÃO LERAM ESSA OBSERVAÇÃO NO PRIMEIRO LIVRO)

A lenda do Peixinho Aventureiro contida neste livro é uma adaptação da história, "A lenda do Peixinho Vermelho", publicada no prefácio do Livro, *Libertação*, editado pela FEB, psicografado por Chico Xavier e ditado pelo Espírito André Luiz.

NO MUNDO DOS FANTASMINHAS...

Meu avô Zeca me falou, e você deve lembrar, que eu poderia escrever a continuação do meu diário e contar para todo mundo como é viver como "fantasminha", aqui no mundo dos espíritos.

Ia ser muito difícil ficar escrevendo com o Jorginho, porque ele tem a vida dele como criança junto com a galera da escola e a minha amiga Angel. Então, tive de procurar alguém que me ajudasse a escrever esse segundo diário como fiz com o primeiro, com duas cabeças, duas mãos e dois corações.

E depois de muito pensar, e pensar, e pensar, combinei com o escritor que ele mesmo seria o meu lápis. E foi assim: eu cochicho no ouvido dele, ele manda para a careca, que por sua vez comanda a mão que escreve.

Escritores são pessoas que escrevem pelo canal da inspiração.

E depois que eu e vovô partimos lá do acampamento ele me disse que eu iria para uma escola, mas era uma escola de fantasminhas.

Já me vi novamente usando uniforme e de mochila nas costas...

Como será essa nova escola?

Será que vou aprender a dar sustos nas pessoas como vi no personagem de desenho animado?

Será que minha sala de aula vai ser no sótão de uma casa velha?

Ou será que agora que sou invisível poderei entrar na sorveteria e lamber todos os sorvetes que quiser?

Agora chega de blá blá blá...
Porque eu tenho de escrever o quanto antes esse diário.

Então, eu me aproximei do escritor para começarmos a escrever o Diário de um Fantasminha 2.

Pensei em começar assim:

Querido diário...

Não sei se fica legal desse jeito.

Querido amigo?

Querido parça?

Galera?

Boa essa! Vamos começar assim...

Galera, então meu avô Zeca me pegou pela mão e disse:

13

– Bernardo, agora você vai recomeçar sua vida aqui no mundo espiritual, mas, precisa se readaptar.

– Readaptar? Como assim vô?

– Não se preocupe, todas as suas perguntas serão respondidas, por isso estou te levando para sua nova escola.

– Nova escola?

Fiquei tentando imaginar como seria essa escola.

Escola de novo?

Vou aprender matemática outra vez?

Será que terei de fazer dever de casa?

E ler? Terei muitos livros?

Avôs são seres especiais, principalmente meu avô Zeca, porque ele é super, hiper, mega inteligente.

Tudo que eu penso ele sabe, e antes que eu pergunte, ele responde:

— Bernardo, aqui nesse mundo as escolas são diferentes das escolas da Terra.

Eu não disse nada, mas pensei: "Ufa, nada de matemática, ainda bem...".

E de novo meu avô me surpreendeu, dizendo:

— Você vai aprender matemática também.
Não consegui desfazer a cara de decepcionado com aquela notícia.

– Na escola da Terra você aprende matemática para viver melhor e entender muitas coisas da vida. Tanto lá, quanto aqui, a matemática é muito importante.

AS OPERAÇÕES MATEMÁTICAS AQUI NÃO PRECISAM DE CALCULADORA, MAS DE UM BOM CORAÇÃO.

– Aqui é assim, a gente aprende a multiplicar amigos!

E isso se chama **FRATERNIDADE!**

– Boa, vovô!

– Aprende também a diminuir tristezas! E isso se chama **SOLIDARIEDADE.**

– Boa de novo, vovô!

– Também se aprende a dividir atenção e abraços, é a matemática da **CARIDADE!**

– Uau, vovô!

– E por fim, aprendemos a somar o **BEM**. Quanto mais praticarmos o **BEM**, mais seremos felizes.

Enquanto meu avô falava, a gente se deslocava pelo espaço.

Ele segurava em minha mão e a gente flutuava.

Minha cabeça estava cheia de perguntas, mas ele, usando seu superpoder de avô que sabe tudo que passa na cabeça do neto, sorriu, e me disse:

— Todas as suas perguntas serão respondidas na escola nova.

— Vovô, posso fazer só duas ou três perguntinhas bem pequenas?

— Pode!

– Parece que aqui nesse lado da vida as crianças só recebem não, né vovô?

Descobri que era melhor não fazer mais perguntas para parar de ouvir NÃO!

Como criança sofre!

E foi assim que suavemente a gente chegou em frente a uma muralha grande e bonita.

Ela tinha portões altos, mas era possível ver os grandes jardins em volta dela.

Fiquei olhando admirado, era uma escola mais bonita do que a outra que eu estudava.

Se a Angel e toda galera vissem a minha escola nova certamente ficariam muito surpresos.

A gente estava ali de mãos dadas em frente àquele enorme portão que não era de ferro como os da Terra.

Ele era estranho, porque suas barras eram feitas de plantas trepadeiras cobertas de flores pequeninas.

– Minha matrícula já está feita, vovô?

— Pode ficar tranquilo Bernardo, você já está sendo esperado.

Vovô apertou a minha mão, e me senti confiante.

Ergui meus olhos para o alto, e uma placa sobre o portão tinha o nome da escola, que se chamava: "Escola Nosso Lar".

– Uau, vovô! Que nome bonito!

– É uma escola para crianças que voltam da Terra como você.

– Para meninos "fantasminhas" como eu?

Vovô sorriu.

– É uma escola para meninos e meninas que precisam se adaptar à vida de espíritos!

– É uma escola de fantasminhas? Que dez isso!

Abracei meu avô que na mesma hora retribuiu o abraço. Então, o portão se abriu, e nós entramos felizes na escola de fantasminhas.

Assim que a gente passou o portão florido, uma senhora veio em nossa direção.

— Bernardo, seja bem-vindo à Escola Nosso Lar! Meu nome é Blandina. E vou levar você para o seu quarto, e depois iremos conhecer a escola. Ela segurou na minha outra mão e fomos os três em direção a uma porta grande.

Eu nunca tinha conhecido uma escola tão cheirosa como aquela. Os jardins eram muito bonitos e cheios de flores. Ali estavam muitas crianças brincando e correndo pelo gramado.

— Tem piscina nessa escola?

— Não! — Blandina respondeu.

– Hummm. Tem quadra de futebol?

– Não!

– Tem cantina para um lanchinho, tipo um hot-dog com muito catchup?

– Não! – Nem preciso dizer que foi ela que respondeu de novo.

– Hummm!

Diante do meu silêncio, ela perguntou:

– Não quer saber mais nada, Bernardo?

– Acho melhor eu parar de perguntar as coisas. As respostas não são muito boas para crianças como eu.

Entramos em um grande prédio e passamos por algumas pessoas que me chamavam pelo nome.

Eu achava tudo muito estranho, porque parecia que ali todos tinham o mesmo poder de adivinhar as coisas, como o meu avô Zeca.

Eu sorria para todos e todas.

Que engraçado, era uma escola de fantasminhas como eu, mas todo mundo se enxergava. Não era como na Terra, ali todo mundo se via e se cumprimentava.

Meu avô olhava para mim e dizia:

– Logo, você se acostuma aqui, Bernardo. Tenho certeza que vai gostar dos seus novos amigos!

– Seu avô tem razão, Bernardo.

Olhei para Blandina e senti que ela falava a verdade, mas preferi não fazer nenhuma pergunta por enquanto. Já estava traumatizado com as respostas.

Foi quando sorri para ela pela primeira vez.

Nesse instante, passou um menino por mim acompanhado de uma outra professora, como Blandina, pelo menos elas usavam o mesmo tipo de roupa, e ele disse:

– Meu nome é Lucas, e o seu?

– Me chamo Bernardo!

Fui até ele e bati a palma da minha mão na mão dele, que me correspondeu sorrindo.

– Acabei de chegar do tratamento! – ele disse.

– Quer brincar comigo?

– Vocês vão ter tempo de conversar e brincar depois, Bernardo. Agora vamos conhecer seu quarto.

"Meu primeiro amigo, fantasminha como eu", pensei.

Entramos no meu quarto.

Era bem menor do que eu tinha na minha casa.

— Não tem videogame, nem TV?

— Você vai brincar e se divertir com muitas coisas novas. Tenho certeza que vai gostar muito! — Blandina disse sorrindo.

— Mas, e o meu seriado favorito? Não poderei mais assistir à "Mamões Voadores e a Mortadela Mutante"?

– Mas, só tem uma cama aqui. E, o vovô, vai dormir onde?

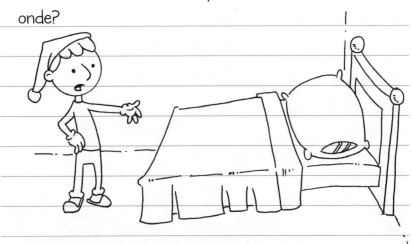

– Eu vou para a escola dos adultos, Bernardo.

– Mas eu não quero ficar sozinho aqui!

– Estarei sempre contigo! Lembra o que te ensinei?

– Do pensamento?

– Isso mesmo! Você pensa em mim, que eu vou receber sua mensagem na mesma hora.

– Puxa, é mais rápido que o computador que meu pai tinha me dado de presente!

– O pensamento é mais rápido que um raio.

– Que legal, vovô!

– Agora você precisa descansar e atender à orientação de Blandina. Sei que não precisarei me preocupar contigo, certo Bernardo? Imagine também quantos amigos você vai ter aqui?

– É verdade, vô!

– Amanhã venho te ver novamente, mas não se esqueça, basta pensar em mim que vou sentir seu chamado.

Nos abraçamos.

– Agora é importante que você descanse um pouco – ele disse.

– Mas, antes de dormir vamos fazer uma prece? – Blandina perguntou.

Olhei para o vovô, que sorria concordando ao balançar a cabeça.

Ela olhou para mim e para o vovô, dizendo:

– Quando fazemos nossas preces pedindo por alguém que amamos, é como se abraçássemos as pessoas com as nossas energias. Você quer fazer uma prece por quem, Bernardo?

— Pelo papai, pela mamãe e toda a galera da escola.

— Então, pense neles nesse momento e a energia do seu coração envolverá a todos com seu amor.

Fechei meus olhos, quer dizer, fechei um e fiquei com o outro aberto para ver o que ia acontecer.

Uau! Vi uma luz sair do meu coração e ir até as pessoas que eu amo.

E vi toda galera sendo cercada por essa luz.

Blandina dizia algumas palavras.

E eu ficava com um olho aberto e outro fechado observando tudo.

– Te pedimos Senhor – ela falava – para proteger todas as pessoas que o Bernardo ama. E que ele possa se fortalecer e aprender muitas coisas aqui na nossa escola espiritual. Assim seja!

Meu avô abriu os olhos e me pegou com o olho aberto e outro fechado.

– Uau, vovô! Vi toda a galera da escola e meus pais.

– É o poder da prece, Bernardo.

– Não sabia que existia esse hiper, – mega – superpoder!

– Você vai aprender muita coisa sobre tudo isso, Bernardo – Blandina disse sorrindo.

– Então, durma bem, Bernardo!

Vovô me ajeitou na cama, e eu nem vi como aconteceu, mas adormeci na mesma hora.

No dia seguinte...

Acordei cedo e vi que a janela do quarto estava aberta, e por ela entrava uma brisa que fazia carinho no meu rosto. As cortinas transparentes balançavam de mansinho. Me espreguicei esticando os braços e as pernas.

Nesse instante, um garoto mais velho entrou no quarto:

– Bom dia, Bernardo! Seja bem-vindo à nossa escola!

Pulei da cama rapidamente e comecei a encher o garoto de perguntas:

– O que vou estudar aqui?

– Quem vai ser da minha classe?

– Tem hora do lanche?

– Quando poderei brincar com as outras crianças?

– Estou com fome. Vai rolar um sanduíche de queijo quente?

Ele me olhou sorridente e disse com calma:

– Meu nome é Tavinho! E serei seu acompanhante nesses seus primeiros dias de readaptação aqui na escola.

– Legal! Prazer Tavinho, mas me diga o que vou estudar aqui? Tem hora do lanche? Poderei brincar?

– Sim! Você poderá brincar, estudar, lanchar, mas precisa seguir as normas como todo mundo que vive neste lugar.

– E o que faremos primeiro?

– Primeiro vamos nos preparar para a prece com todas as crianças.

– Nossa! Prece com todas as crianças? Por acaso eu estou no céu?

– Não! Não estamos no céu, mas em uma escola que recebe crianças que viveram na Terra.

– Puxa! Sério?

– Sério.

Fiquei olhando para Tavinho e imaginei tanta coisa. Sentia uma coceira danada dentro da cabeça. Todas as vezes que a curiosidade aumentava eu sentia essa coceira.

Tavinho parecia ter o superpoder de saber o que eu pensava, como meu avô, então ele disse:

– Bernardo, uma coisa de cada vez. Todas as suas perguntas serão respondidas no tempo certo. Agora vamos para o pátio da escola onde faremos a prece e depois faremos um lanche.

Passei a mão na barriga e comentei:

– Estou faminto! Parece que não como há uma semana. Minha barriga está roncando.

43

A gente caminhou por um corredor e chegou a um pátio como o da minha escola. Só que esse pátio era rodeado de flores coloridas, era tudo muito bonito.

Então, vi muitas crianças, meninos e meninas que falavam uns com os outros. Estavam todos em fila bem organizada.

Tavinho me levou para uma das filas, atrás de uma menina. Eu sorri e toquei de leve no ombro dela.

– Oi! Faz tempo que você estuda aqui nesta escola?

Ela olhou para trás e disse sorrindo:

– Não sei há quanto tempo, mas já faz um tempinho! – Rimos.

– Meu nome é Bernardo, e o seu?

– Bianca!

Nesse momento, Tavinho olhou para mim e colocou o dedo nos lábios pedindo silêncio.

E todos se calaram.

Uma mulher muito bonita ficou na frente da gente.

45

– Bom dia! – ela disse.

E todos respondemos:

– Bom dia!

Eu me lembrei da minha escola e da galera. Pensei também no papai e na mamãe. Mas, parecia aqueles dias de semana da pátria e essas coisas, porque todo mundo estava em fila organizada.

— Para aqueles que chegaram ontem à nossa escola desejo me apresentar. Me chamo Marta, mas podem me chamar de Martinha. Queremos dar as boas-vindas aos novos alunos da nossa escola.

— Quem chegou ontem, pode vir aqui na frente?

Bianca me olhou sorrindo, e o Tavinho veio e me pegou pela mão.

Então, mais dois meninos e duas meninas se juntaram a mim. Ficamos ao lado de Martinha que disse:

— A nossa prece desta manhã é dedicada aos nossos novos alunos que chegaram ontem e às suas famílias.

Então, todas as crianças começaram a cantar uma música muito bonita junto com Martinha. E nessa hora vi uma luz muito bonita envolvendo todos nós.

Senti uma emoção muito grande, até meus cabelos se arrepiaram. Os outros alunos novos também estavam emocionados.

E quando a música acabou, Martinha fez uma prece e sentimos uma sensação muito leve, que eu parecia flutuar.

Cada um de nós, alunos novos, fomos abraçados por Martinha, que nos dizia palavras de amor. E muitas crianças também vieram nos abraçar.

Depois de me sentir o menino mais abraçado do mundo, Tavinho veio e me levou para um grande refeitório.

E cada um dos alunos novos tinha companhia de meninos e meninas mais velhos que cuidavam deles.

— Até que você se acostume com tudo aqui serei seu acompanhante. Agora vamos nos alimentar.
— Gosto muito de hambúrguer com batatas fritas...

– Acho que você não vai encontrar hambúrgueres como os que estava acostumado – Tavinho disse rindo.

– Vou comer o quê?

– Vamos para a fila com as demais crianças que você vai ver.

– Mas, não rola um cereal de chocolate com leite?

– Não!

– Acho melhor eu parar de fazer pergunta, tenho até medo da comida que vem por aí!

Fiquei curioso.

Olhando para os meninos e as meninas que estavam comendo, percebi que ninguém reclamava da comida.

Quando chegou a minha vez levei um susto.
Era um tipo de mingau. Olhei para um lado, olhei para o outro e não tive coragem de dizer que não gostava de mingau.

Tavinho percebeu e sorriu.

51

— Tenho certeza que você vai gostar. E além do mais, precisa ir aprendendo que aqui os alimentos são diferentes dos da Terra.

MAS, NÃO ROLA PELO MENOS UMA BATATINHA FRITA?

NÃO!

UMA COXINHA DE FRANGO?

TAMBÉM NÃO!

DE JEITO NENHUM!

– Essa vida de fantasminha é bem sem graça!

– Uma pizza? Uma lasanha? Uma torta de chocolate?

– Aqui não temos essas comidas!

– Não sei se você percebeu, mas aqui todo mundo enxerga você.

– Verdade. É que eu estava tão acostumado a ser invisível. Estou num mundo de fantasminhas, numa escola de fantasminhas.

– Você é um espírito imortal, numa escola de espíritos imortais. É natural que aqui as coisas sejam diferentes, inclusive a alimentação.

– Não estou mais na Terra...

– Está sim, mas na dimensão espiritual.

– Sendo você um menino um pouco mais velho que eu, como sabe disso tudo, Tavinho?

– Aqui no mundo dos espíritos, à medida que o tempo passa a gente vai aprendendo e relembrando o que já sabia.

– Entendi!

– Já vivemos outras vidas, né Bernardo! A gente morre e volta pra cá, e depois de algum tempo nasce novamente.

– Será que eu já fui um príncipe, ou quem sabe um super-herói?

– Isso não importa agora, Bernardo, mas super-heróis não existem como você os via no mundo.

– Hummmm! Mas eu posso visitar a galera da escola e os meus pais, né?

– Pode sim! Pode encontrar com eles nos sonhos e vê-los em suas atividades.

– Isso o meu avô Zeca já me ensinou. E o que mais a gente pode fazer por aqui, além de estudar? Bater uma bolinha, quem sabe? É um dos meus talentos.

– Imagino o quanto você é um craque de futebol. Podemos participar das equipes de trabalho da escola.

– Equipes de trabalho? Os fantasminhas trabalham fazendo o quê?

– Podemos visitar crianças que estão doentes na Terra, ajudar crianças necessitadas, fazer parte das equipes que recebem outras crianças aqui na nossa escola. Assim como estou fazendo com você agora.

– Hummmm. Mas, não são os adultos que fazem isso?

– Os familiares fazem isso, mas muitas crianças se identificam com outras crianças e assim fica mais fácil ajudá-las. Entendeu?

– Hummmm. Entendi!

– Todos podem ajudar por aqui. Ninguém fica sem fazer nada. Às vezes, algumas famílias estão passando por muitas dificuldades e crianças como nós, que já estão prontas para auxiliar, se apresentam como amigos imaginários para brincar com as crianças da Terra. Inspirar bons pensamentos.

– Hummmm. As que estão vivas, né?

– Nós também estamos vivos, Bernardo.

– Hummm.

– Não entendi esse hummm.

– Hummm.

57

Rimos juntos.

— Esse hummm quer dizer que estou pensando no que você falou.

— Hummm. Entendi!

— Ei, o hummm é meu! Quero fazer parte de alguma equipe de trabalho.

— Calma! Você acabou de chegar.

— Ficar parado não é comigo! Depois da aventura que vivi com meus amigos no acampamento da escola, como é que vou ficar parado aqui? Descobri que tenho certo dom para proteger os fracos e oprimidos.

– Você vai ajudar, mas espere pelo menos mais alguns dias. Tenho certeza que todos aqui conhecem a sua história e em breve você será chamado para alguma equipe.

– Pode ser a sua equipe?

– Claro que pode!

– Hummmm.

Tavinho caiu na gargalhada.

– Agora vamos estudar!

– E o que iremos estudar, Tavinho?

– Muitas coisas...

– Poderei fazer perguntas?

– Claro, Bernardo!

— Hummm.

— Venha comigo...

Saímos pelo jardim da escola de fantasminhas e pelo caminho outras crianças foram se juntando a nós. Até que chegamos ao lado de um riacho de águas borbulhantes e cristalinas. O nosso grupo tinha no total vinte meninos e meninas.

A Martinha estava lá nos esperando.

— Podem se sentar no gramado e em círculo — ela pediu.

Depois de todo mundo sentado, Martinha foi explicando algumas coisas da escola. Ficamos ali ouvindo tudo que ela dizia, até que fomos autorizados a fazer perguntas. Então, levantei meu braço:

– Pode perguntar, Bernardo!

– Desde aquele dia em que eu estava indo para a escola, quando a minha vida mudou, fiquei com um monte de perguntas na minha cabeça. Não quis fazer as perguntas para o meu avô, porque eu sei que ele não sabe tudo. Quero saber, se agora que sou fantasminha, eu posso me encontrar com Deus?

– Hummm... – ela respondeu.

Percebi que Martinha também falava hummm, assim como eu.

Coisa de gente inteligente.

— Você quer se encontrar com Deus, Bernardo?

— Quero sim, tenho uma lista de perguntas pra fazer a Ele. Sei que Ele é muito ocupado, pois vive cuidando do mundo inteiro. Só a minha escola deve dar um trabalho danado a Ele. Imagino como deve ser difícil tomar conta de todas as crianças do mundo, e de todas as escolas. Imagino o trabalhão que Deus deve ter com a turma do 4º ano.

– Mas, as perguntinhas são bem básicas. Se Ele não tiver tempo para me receber quero saber o e-mail Dele, ou o número do telefone, ou se Deus tem conta em alguma rede social.

Eu não sei por que todos ficaram olhando para minha cara. "Será que eu falei alguma bobagem?" "Ou Deus não atendia às crianças?"

As coisas que aprendi sobre Ele é que Deus ama todas as crianças.

– Tem mais alguma pergunta, Bernardo?

– Tenho Martinha, mas posso ir fazendo devagar, nos próximos encontros.

– Mas, pode fazer as perguntas, quem sabe eu e o Tavinho não possamos te ajudar?

Cocei a cabeça sem jeito...

– Se é assim, tem uma pergunta que sempre dá coceira dentro da minha cabeça e que gostaria muito de saber a resposta.

– Nos diga qual é a pergunta, Bernardo.

– Digo sim, Martinha. Quando me encontrar com Deus vou perguntar a Ele: Já que o Senhor é Deus e pai de todo mundo, por que não dá para as crianças superpoderes para elas não sofrerem com a maldade do mundo?

– Sua pergunta é muito boa, Bernardo e podemos conversar sobre ela...

E nesse momento Lucas, que eu tinha conhecido no dia em que cheguei à escola de fantasminhas, falou:

– Acho que Deus anda muito ocupado como nossos pais, e não tem tempo para as crianças!

E uma menina do cabelo amarelo e rosto pintadinho, comentou:

– Gente grande nunca tem tempo para crianças, imagina se Deus vai ter!

– Quem mais quer fazer perguntas para Deus? – Martinha indagou.

– Eu quero! – ergueu o braço um garoto negro de olhos brilhantes. – Por que Deus não pintou seus filhos todos de uma cor só? Não tinha tinta suficiente para fazer todos negros, ou todos brancos?

E todos os meninos e meninas começaram a perguntar, e eu nem imaginava que todas aquelas crianças tinham coceira na cabeça como eu.

Depois de ouvir todas as perguntas, a Martinha começou a dizer com paciência:

– Não posso responder no lugar de Deus, mas já aprendemos algumas coisas para conversar. A tinta de Deus não acabou para que uns ficassem brancos e outros negros, ou amarelos...

– E tem os marronzinhos também... – falei sorrindo.

— Isso mesmo, Bernardo... A Terra é como um imenso jardim e cada um tem sua cor e perfume.

— Hummm...

— O que foi Bernardo?

— Nada Martinha, só fiz hummm.

— Hummm, então podemos continuar?

— Acho que esse hummm pega na gente — Lucas comentou.

– Eu dizia que cada filho de Deus quando está na Terra necessita de um corpo para viver no mundo material. Quando desencarnamos tiramos o corpo, que morre e fica na Terra...

– A gente fica pelado, Martinha? – João Hélio, o menino que quis saber sobre a tinta de Deus, perguntou.

– Não ficamos pelados, nosso corpo físico é como uma roupa...

– Então, quando a gente morre tiramos a roupa e ficamos pelados... – insisti.

– Nosso corpo físico é a roupa do espírito.

— Hummm... Entendi agora.

— Mas, se morrer é tirar a roupa, como estamos todos vestidos agora? Por que não estou pelado? — João Hélio quis saber.

— Será que eu não posso pegar uma gripe andando pelado por aí? — indaguei.

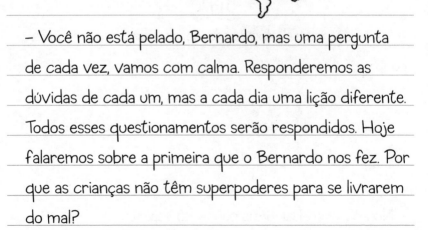

— Você não está pelado, Bernardo, mas uma pergunta de cada vez, vamos com calma. Responderemos as dúvidas de cada um, mas a cada dia uma lição diferente. Todos esses questionamentos serão respondidos. Hoje falaremos sobre a primeira que o Bernardo nos fez. Por que as crianças não têm superpoderes para se livrarem do mal?

– Isso mesmo! Por quê? – confirmei a pergunta esfregando as mãos.

– Boa, Bernardo! – Lucas falou agitado.

– Na verdade, todos temos superpoderes...

– Uau...! – comentei animado.

– Qual é o meu? – João Hélio se entusiasmou.

– Oba!!! Será que tenho a força da Mulher Maravilha? – Bianca perguntou.

– Nossa! Eu gosto dos Mutantes!!! Somos fantasminhas mutantes? – Lucas falou emocionado.

– Calma crianças! Vamos conversar, façam silêncio! Falem um de cada vez.

Naquela hora me lembrei da minha escola na Terra e da galerinha com todos falando ao mesmo tempo.

– Eu vou explicar, calma – Martinha pediu. – Deus nos deu muitos poderes para desenvolvermos na vida, mas eles estão em nosso coração e precisamos desenvolvê-los, mas isso só à medida que vamos aprendendo a amar.

– Eita! Vou ter de arranjar uma namorada?

– Não é isso, Bernardo! Estou falando do superpoder do amor! Que é um poder que vence todas as maldades. Os homens são maus porque não aprenderam a desenvolver essa poderosa força.

Olhei decepcionado para Martinha.

– Por essa eu não esperava! – falei desanimado. – Pensei que poderíamos combater os nossos inimigos no mundo...

– Isso mesmo! – Lucas concordou.

– Pensei que a gente poderia criar a Liga dos Fantasminhas Vingadores! – João Hélio comentou balançando a cabeça.

– Pensei que essa escola de fantasminhas era a igual à Escola de Magia e Bruxaria de Hogwarts, até lembrei de Harry Potter! – Bianca, que era uma menina que falava quase nada, comentou.

– Meninos e meninas, calma! Os poderes do espírito são conquistados com o tempo, mas os inimigos que enfrentamos estão dentro da gente e surgem quando nos tornamos maus com os outros e com a vida – Tavinho esclareceu.

– Hummm! – resmunguei.

– E quais são esses poderes que eu nunca vi! Por acaso somos mutantes? – João Hélio falou com sabedoria de fantasminha.

– São muitos, e nós vamos aprender sobre eles com o tempo. E o primeiro já pode ser demonstrado a partir de agora! – Martinha falou sorrindo.

– E qual é esse poder? – perguntei todo animado.

– A paciência!

– Como assim, Martinha? – Lucas questionou estranhando.

— Fala sério, tia Martinha! — Bianca disse desconsolada.

— Desde quando paciência é superpoder? — perguntei desconfiado.

— Um herói paciente facilita a vida do vilão! — João Hélio comentou de cara amarrada.

— Calma, meninos e meninas! Só um super-herói de verdade tem um poder como esse.

— Martinha, qual a utilidade de ser paciente? — Lucas perguntou.

77

– **Há! Há!** – ela disse esfregando as mãos. – Os pacientes são os mais sábios no momento de decidir as lutas da vida. E além do mais, a paciência é só mais uma entre tantas habilidades...

Fiquei pensando no cinto de utilidades do Batman.

Será que ele teria a paciência naquele cinto cheio de coisas?

– Mas, como vencer os inimigos? – João Hélio quis saber.

– Os nossos inimigos se escondem dentro da gente! – Tavinho comentou.

– Hummm! Que estranho isso! – falei.

Pois é verdade. A raiva, a inveja, o ódio e tantos outros sentimentos ruins são nossos inimigos, mas iremos aprender a combatê-los.

– Tavinho, e os superpoderes? Quero saber mais sobre o que a Martinha falou!

– Bernardo, os super-heróis também aprendem a usar os poderes do amor. – Martinha explicou.

– Como assim? – Bianca indagou surpreendida.

– Todos os heróis que vocês conhecem são justos e não fazem o mal pelo mal. Eles pensam na justiça, praticam caridade auxiliando todo mundo.

– Os heróis que vocês tanto gostavam de ver quando estavam na outra dimensão na Terra tinham valores morais, que são as chaves para se possuir superpoderes.

– Uau, Martinha, o Hulk também é assim? – o João Hélio perguntou estranhando.

– Sim, o Hulk também é assim. Ele é um herói que usa a força dele para ajudar os semelhantes...

– Martinha – Lucas a interrompeu. – Os super-heróis também têm de escovar os dentes como as crianças?

Martinha sorriu desconcertada, mas afirmou:

– Eles escovam os dentes sim, heróis também precisam cuidar da saúde, não é?

– Essa eu já sabia, tinha certeza disso, porque o Batman não pode ficar com o batbafo – falei.

— Se o Super-homem não escovasse os dentes na hora do supersopro ele espalharia o superbafo em toda cidade, não é Tavinho? — Rosinha disse sorrindo.

— Será que os super-heróis também comem mingau como esse que comemos aqui? — perguntei muito sério.

— Eles comem legumes e salada? — Lucas quis saber?

— Eles comem sim, tenho certeza, por isso são tão fortes! — João Hélio afirmou.

— E os heróis também vivem problemas com a família — Martinha esclareceu.

— Hummm! É verdade mesmo?

— Sim, Bernardo. Você já percebeu que o Super-homem foi adotado porque ficou sem os pais que morreram em Kripton?

— E o Batman que também perdeu os pais e tem no mordomo a sua família?

— Sem falar no Homem Aranha, que vivia com o tio que morreu!

— Hummm!

— O que foi Bernardo? — Tavinho perguntou.

— Eu estava pensando nas famílias dos super-heróis.

Elas também têm problemas como as nossas, não é verdade?

— Têm sim! Todos têm problemas para vencer. Mas, eles são heróis porque conseguiram superar primeiramente os sentimentos ruins.

— Mas, eles são imortais e nunca morrem em suas missões! — Bianca afirmou.

— Nós também somos imortais e quando vivemos no corpo físico estamos em plena missão — Martinha disse sorrindo.

— Hummm. Somos imortais?

— Sim, Bernardo!

— E qual é a nossa missão?

– Evoluir, aprendendo a amar, a valorizar a família e todas essas coisas que a vida na Terra nos oferece.

– E agora que estamos aqui nesse outro mundo, a missão acabou?

– Não Bernardo, a missão continua, por isso, vocês estão nessa escola se preparando para seguir em frente.

– Martinha, foi Deus que pensou nisso tudo? – João Hélio perguntou com os olhos arregalados.

– Isso mesmo, Ele é a Inteligência das inteligências – ela respondeu animada.

– Agora é que eu fiquei com mais vontade de encontrar com Ele!

– Todos estamos caminhando ao encontro dEle, Bernardo, mas ainda temos muitas missões pela frente – Tavinho comentou sorrindo.

– E qual é a nossa próxima missão? – Lucas perguntou curioso.

– Poderemos visitar nossas famílias? – João Hélio questionou.

– Sim, mas precisamos primeiro nos esforçar para ganhar o superpoder da paciência – Martinha argumentou de modo carinhoso.

– E demora muito isso? Estou ansioso para ter esse poder! – Bernardo afirmou.

– Não demora muito não. Vamos fazer assim, a melhor maneira de ganhar esse poder é se ocupando com outras coisas. Agora que já estudamos bastante podemos brincar um pouco, quem quer? – Tavinho perguntou.

Gritei junto com as outras crianças e todos ficamos animados.

– Que tal brincarmos de bandeira da paz? – um dos garotos mais velhos que acompanhava os meninos recém-chegados à Escola Nosso Lar, convidou.

– Não sei se isso vai dar certo – falei. – Na minha escola eu era chamado de "pega no fundo", ninguém gostava de jogar nada comigo.

– Mas, esse jogo é diferente, vocês vão se divertir muito – o garoto mais velho chamado João falou com sorriso aberto.

– Tenho certeza que sim! Será uma boa surpresa! – Tavinho afirmou com muita alegria.

– Vamos formar duas equipes com cinco crianças cada uma – Martinha avisou.

A Bianca, o Lucas e o João Hélio já vieram para o meu lado, se eles soubessem que minha fama na escola era "pega no fundo", nem me escolheriam para o time deles.

– Malu, junte-se ao time do Bernardo! – João pediu.

Uau... Eu não tinha visto aquela menina com sorriso tão bonito, me lembrei da minha amiga Angel que sorria daquele jeito.

As equipes foram formadas, e ao lado de cada criança ficava um garoto ou uma garota, mais velhos.

Tavinho ficou comigo, com Bianca e Malu ficaram duas garotas.

Cada um tinha um parceiro.

– Prestem atenção! Cada criança participará da partida com o seu acompanhante. Deem as mãos, como estou fazendo com o Bernardo. Ficamos de mãos dadas. O objetivo do jogo é trazer a bandeira que está hasteada em algum lugar do jardim Campo da Paz. Quando Martinha autorizar partiremos em busca do nosso objetivo. Quem encontrar primeiro volta para cá e finca a bandeira aqui onde estamos, entendido?

Todos concordaram e ficaram animados com a brincadeira.

Olhei para o outro lado e vi os outros competidores. Lado a lado caminhamos ao encontro deles e ficamos todos de frente.

Entre nós apenas Martinha, que daria o sinal para o início do jogo.

"Teremos de correr muito", imaginei.

Martinha ergueu o braço direito com uma bandeirola.

A expectativa era grande.

Imaginei que a gente sairia correndo o mais rápido possível.

Mas, para minha surpresa, assim que Martinha abaixou a bandeirola, Tavinho segurou firme em minha mão e voltamos rapidamente.

Todo mundo partiu voando sobre a Escola Nosso Lar, que era muito grande.

Cada criança de mãos dadas com seu acompanhante.

A gente ria de felicidade.

O João Hélio não parava de gargalhar.

Malu, que tinha na Julia a sua parceira mais velha, estava dizendo palavras de ordem, como:

— Vamos depressa, não quero perder essa missão!

De repente, uma dupla da outra equipe passou bem próximo a nós em grande velocidade.

Tavinho me olhou e disse:

– Bernardo, prepare-se, lá vamos nós!

E a nossa velocidade também aumentou muito e a gente sentiu grande emoção.

As duas equipes sobrevoavam o Jardim Campo da Paz em busca da bandeira.

A disputa era intensa e era uma questão de tempo para que alguém alcançasse a vitória.
Para minha surpresa, uma garota mais velha da outra equipe gritou:

– Lá está a bandeira!

E na velocidade do pensamento todos chegaram ao mesmo tempo no objetivo.

– E agora? Quem ganhou? – Lucas perguntou.

– Todos ganhamos, Lucas – João disse sorrindo.

– E todos levaremos a bandeira até Martinha – Tavinho concordou sorrindo.

Dessa vez, ninguém me chamou de "pega no fundo", e todo mundo ganhou a competição.

Como uma única equipe, todos nós voltamos levando a bandeira da paz, fincando no jardim da escola.

*****

Alguns dias se passaram e meu avô Zeca veio me visitar:

– Estou orgulhoso de você!

– Por que, vô?

– Soube que está se esforçando muito nas aulas, e que tem demonstrado muita vontade de colaborar.

– Vejo muitas crianças chegando aqui na escola e já aprendi que tinha uma vida boa na casa dos meus pais.

– O que te faz pensar assim?

– A situação de muitas crianças.

FIQUEI UM POUQUINHO TRISTE.

– Têm crianças que não conheceram pai nem mãe, que viviam na rua. Isso é pior do que ser fantasminha dentro da própria casa.

– É verdade, Bernardo! Isso é triste mesmo.

– Existem crianças que não têm pai, não têm mãe, não têm casa, não têm país, não têm comida, nem escola. Eu só não era visto por meus pais, que viviam ocupados com seus negócios.

– Verdade.

– Vô... Às vezes a gente reclama à toa.

– É outra verdade, Bernardo.

– Martinha me disse que eu poderia participar do grupo de crianças que pode ajudar outras crianças.

– O tempo passou, Bernardo, e você nem percebeu, não é verdade?

– É sim, vovô!

– Aos poucos, vai retomando seus poderes.

– Hummm.

– Principalmente os que aprendemos a usar quando passamos por alguma dificuldade. O poder da prece é um deles, o superpoder do pensamento é outro.

– É verdade, vovô!

– Lembra do acampamento dos seus amigos?

– Claro!

– Qual foi o poder que você usou?

– O do pensamento e também o da mediunidade, onde consegui me comunicar com o Jorginho.

– Isso mesmo, Bernardo!

– Hummm.

– Você vai ter de usar muitas vezes esses poderes, não se esqueça disso! Quem não consegue controlar os próprios pensamentos pode ser vítima dos invasores de mente.

– Uau, vovô! Invasores de mente?

– Isso mesmo! Na hora certa você vai aprender sobre isso. Acho que você deveria escrever um diário só sobre esses invasores.

Minha cabeça ficou fervendo.

Invasores de mente?

Quero saber sobre esse assunto. Fiquei imaginando algumas coisas tipo: alguém querendo invadir minha mente e dominar minhas vontades. Discos voadores...

E novamente meu avô, que não se cansava de demonstrar que invadia minha mente, disse:

— Não se preocupe, Bernardo, eu não sou um invasor, apenas lhe conheço muito bem e sei o que você pensa.

– Hummm! Mas, vovô, você sempre adivinha o que estou pensando, né?

– Isso não é nada. Os invasores de mente querem dominar a nossa cabeça para que façamos a vontade deles.

– Isso é sinistro, né vovô?

– Mas, vamos deixar esse assunto para o próximo diário?

– Já estou querendo escrever o Diário de um fantasminha 3.
– Acho melhor acabar o 2 primeiro, porque as crianças estão esperando e tá demorando muito para sair.

– É verdade, vô! Vamos em frente!

Nesse momento Tavinho se aproximou:

— Bernardo, tenho novidades para você!

— Hummm... Que legal, manda...

— Martinha autorizou sua participação em nosso grupo.

— Oba!!! Finalmente!!! E onde vamos? Quando vamos? O vovô vai poder ir com a gente?

— Calma Bernardo, uma coisa de cada vez. Iremos visitar uma família na Terra. Vamos amanhã. E o seu avô não poderá nos acompanhar, pelo menos dessa vez.

– Não se aborreça, Bernardo – vovô me disse com carinho. – Você já pensou se todas as crianças levassem seus familiares nas atividades?

– Ele tem razão. A atividade é um trabalho de aprendizado também e a oportunidade é nossa.

– Nós estamos sempre juntos, pelo coração e pelo pensamento. Quando você entender essa realidade tudo vai ficar mais fácil.

– Vamos conhecer um menino.

– Não me parece uma missão muito empolgante.

– Quando chegarmos à casa dele você vai saber! – Tavinho comentou.

– E quem vai com a gente?

– Blandina, eu, você e o Lucas!

– Nossa! Estou ansioso para que essa missão comece logo!

– Então, despeça-se do seu avô e vamos nos reunir com a equipe.

– Logo, eu volto para te visitar e para saber como foi sua primeira missão.

– Certo, vovô!

Rapidinho estávamos todos no grande pátio da escola.

– Vamos visitar e conhecer o Silvinho na casa dele. Queremos convidá-lo para estudar aqui na nossa escola, essa será nossa missão. Entenderam?

– Sim, Blandina! - respondemos em uma só voz.

E em poucos minutos, a gente ia como uma pequena caravana volitando pelo espaço para a nossa primeira missão.

Blandina estava de mãos dadas comigo e com o Lucas, e o Tavinho ia logo ao nosso lado.

Chegamos em frente a uma casa pequena. Era um bairro onde as casas eram todas muito simples.

Algumas crianças brincavam na rua, mas elas não conseguiam perceber a nossa presença.

Ser invisível tem dessas coisas, nem sempre é bom, porque tive vontade de me juntar a elas que corriam e se divertiam naquele lugar.

– Vamos entrar em silêncio, apenas para observar e aprender e só depois iremos ajudar. Entenderam, meninos?

Eu e Lucas nos entreolhamos e respondemos:
– Sim, Blandina!

Aquela missão já empolgava eu e o Lucas, pois passamos pelo portão sem abrir. A porta da casa estava fechada e passamos por ela também sem abrir.

Logo que entramos tivemos uma surpresa, pois um homem muito simpático veio falar com a gente.

– Que bom que vocês vieram, Blandina!

– Meninos, esse é o Afonso, o espírito protetor de Silvinho.

Dei uma cutucada no Lucas e falei no ouvido dele:

– Meu avô é meu protetor!

E Lucas fez a mesma coisa cochichando no meu ouvido:

MINHA PROTETORA É MINHA AVÓ!

– Como ele está, Afonso?

– Do mesmo jeito, muito triste e sem querer sair de perto da mãe dele.

Nesse momento, a gente olhou para uma mulher de olhar tristonho que passava por nós em direção ao quarto e atrás dela ia um menino que se mostrava triste também, o garoto não notou a nossa presença.

– Que bom que você trouxe esses dois meninos. Quem sabe a presença deles não ajuda a convencer Silvinho a partir para Escola Nosso Lar?

– Por isso eles vieram, para nos ajudar a convencer Silvinho.

– Desde que ele morreu fisicamente não consegue sair daqui!

– Nós entendemos, Afonso! – Blandina falou com carinho. – Bernardo e Lucas são meninos que tiveram uma ótima adaptação na escola e vão conversar com Silvinho, não é meninos?

– Sim, Blandina! – falamos juntos como se tivéssemos ensaiado.

Eu e Lucas olhamos um para o outro e percebemos que o momento da nossa missão estava chegando.

– Embora Silvinho goste muito de mim, ele ainda não aceitou me acompanhar para a escola.

– Agora é com vocês, meninos! Aproximem-se de Silvinho e conversem com ele – Tavinho pediu.

– O que eu digo a ele? – perguntei para Tavinho.

– Seja você mesmo e pronto!

Entramos no quarto e vimos Silvinho deitado ao lado da mãe. Ele estava abraçado a ela e sentia toda sua tristeza.

Então, eu me aproximei e arrisquei:

– Silvinho... Silvinho!

Ele parecia hipnotizado como alguns personagens dos desenhos animados que eu gostava tanto.

Então, o Lucas falou bem alto:

– SILVINHO!!!

E foi nessa hora que ele finalmente notou nossa presença.

– Quem são vocês? – ele disse sentando-se na cama e nos olhando admirado.

– Eu sou Bernardo e esse é o meu amigo Lucas!

– Sim e estamos aqui em missão! – Lucas disse todo animado, e eu cutuquei ele.

– Missão? – Silvinho indagou curioso.

– Isso mesmo, somos dois agentes em missão! – Lucas falou todo empolgado.

– Menos Lucas, menos. Que exagero! Somos dois meninos que viemos te conhecer, Silvinho – falei dando outra cutucada no meu parceiro de missão.

– E que missão é essa que esse garoto tá falando?

– Nada demais, é que ele tem mania de detetive e essas brincadeiras.

– Hummm – resmungou Silvinho.

Percebi que ele era dos meus, pois gostava de fazer hummm.

– Vocês conseguem me enxergar? Faz dias que ando atrás da minha mãe e de todos aqui em casa, mas ninguém me vê.

– Bem, isso eu posso explicar... – Lucas falou se dando ares de importância.

– Agora, você faz parte do nosso grupo...

– Que grupo?

– O grupo dos fantasminhas!

– Não é nada disso Silvinho, somos espíritos imortais, entendeu? E você não usa mais a roupa de carne...

– Não estou entendendo nada! – Silvinho falou confuso.

– Não faz mal se você não entender, nós podemos te levar para a nossa escola, lá tem muitas coisas legais.

– E a minha mãe? E a minha família?

– Não tem nada de mais, ela vai ficar bem, e essa tristeza vai passar quando você aprender a usar os superpoderes... – Lucas disse ainda mais animado.

– Superpoderes? Uau! – Silvinho sorriu de admiração.

121

– E que poderes são esses? – indagou curioso.

– O primeiro é o da paciência! – falei tentando impressionar.

– Poder da paciência? Que estranho!

– Pois é Silvinho, esse é o primeiro, depois adquirimos outros – comentei empolgado.

Nessa altura da conversa já estávamos os três na sala. Bladina, Tavinho e Afonso observavam a gente, admirados e sorrindo.

— Silvinho, venha conhecer a nossa escola e você terá belas surpresas!

— Hummm — ele fez novamente.

123

— Nem a minha bola?

— Não vai dar! – Lucas falou lamentando.

— A nossa escola tem brincadeiras muito divertidas, você também vai gostar de lá.

— Lucas tem razão, Silvinho!

— E a minha mãe, quem vai ficar com ela?

— Eu fico com ela! – Afonso disse se aproximando. – Pode deixar que eu cuidarei dela.

– E quando você estiver adaptado à nova vida e às atividades da escola a gente te traz para visitar sua mãe. Ela não ficará abandonada!

– Hummm.

– Conseguimos! – falei no ouvido do Lucas.

– Vou ter aula de matemática nessa escola?

— Não do jeito que você conhece — esclareci.

— E aula de história?

— Não do jeito que você estudava — Tavinho comentou sorrindo.

— Posso dar um beijo na mamãe?

— Claro que pode, mas não esqueça que ela ainda está muito triste e que a tristeza dela pode envolver seu coração. Mas, daqui algum tempo nós voltamos à sua casa para você abraçar e beijar sua mãe do jeito que quiser — Blandina esclareceu.

– Promete?

– Prometo!

Nesse momento, Silvinho foi até o quarto e beijou carinhosamente a cabeça de sua mãe que se encontrava pensativa.

Afonso o pegou pela mão e saímos da casa.

Chegando na rua, Silvinho viu os meninos jogando bola, e disse:

– Olhem, são meus colegas, eu jogava futebol com eles...

– Agora precisamos partir para a Escola Nosso Lar – Blandina advertiu.

– Prepare-se, Silvinho! Você vai descobrir agora algo bem legal que fazemos para nos deslocar de um lado para outro.
– E o que é?

– Vamos nos deslocar pelo espaço até a nossa escola!

– Uau! Eu ia de transporte escolar com meus colegas e nunca imaginei que um dia iria para a escola voando.

— Eu sei como é e a gente não tinha muita pressa para chegar na escola, né? Porque a brincadeira dentro da vã era sempre legal.

A gente se despediu de Afonso que prometeu ir à escola visitar o Silvinho.

– Podemos segurar na mão do Silvinho para ele voar com a gente? – perguntei.

– Pode sim! – Tavinho autorizou.

Então, eu e Lucas demos as mãos ao Silvinho e seguramos na mão da Blandina.

– E eu, vou sozinho? – Tavinho perguntou sorrindo.

– Posso contar até três?

Blandina balançou a cabeça afirmativamente.

– Um... Dois... Três...!

E partimos.

– Nossa!!! Esse é um superpoder? – Silvinho perguntou sorrindo.

– Um dos... – Lucas disse gargalhando.

– Pena que acaba rápido! – falei contrariado.

E todos chegaram em frente à Escola Nosso Lar.

Tavinho levou Silvinho para receber os cuidados que ele precisava. E depois que estiver ambientado e mais fortalecido ele vai estudar com todas as crianças.

E eu fiquei pensando em quantas crianças não passam pelas mesmas situações que Silvinho.

Blandina, que parecia ter o superpoder de ouvir pensamentos, esclareceu:

– Ninguém se encontra perdido no mundo, nenhuma criança e nenhum adulto. Todos têm um amigo espiritual ao lado, mas nem todos conseguem perceber isso. E as pessoas ficam presas nas suas tristezas e problemas.

Lembrei dos meus pais que ficavam presos nos seus compromissos profissionais e não tinham tempo para ficar comigo.

– Mas, Blandina, por que muitos pais não percebem isso?

– Eles se preocupam em garantir recursos para sustentar a família e acabam mergulhados mais nessas situações e nem percebem que estão se afastando das suas crianças. Mas têm muitas crianças abandonadas também por causa dos pais que fogem da responsabilidade de cuidar dos seus pequenos.

– Qual será a nossa próxima missão? – Lucas questionou.

– Logo, vocês serão informados sobre quem iremos ajudar da próxima vez.

– Blandina, por que Silvinho ouviu eu e Lucas e não atendeu o Afonso?

– Por que ele não conseguia atender outro adulto, que não fosse a mãe dele, a pessoa mais amada por Silvinho.

– Ele conversou com vocês porque se identifica mais com crianças como ele, do que com adultos, nesse caso.

– Então, quando ele me viu junto com o Lucas ele teve mais confiança e aceitou a gente como amigo.

— Isso mesmo, Bernardo! As crianças falam a mesma língua e se entendem por isso. Vocês dois fazem parte do mundo dele e cumpriram muito bem a sua primeira missão.

— Agora voltem para os seus quartos e descansem.

Voltei para o meu quarto e adormeci pensando em quantas coisas tinha ainda para aprender, mas eu já amava aquela escola de fantasminhas.

NA MANHÃ SEGUINTE...

– Ei, Bernardo!

Era o Silvinho que me chamava na fila do mingau.

– Oi, Silvinho! Que bom que já está aqui conosco!

– Meninos! Hoje é um dia especial! – Tavinho falou passando pela gente.

– Especial, por que? – perguntei muito curioso.

– Todos os meses ele passa por aqui e nos conta uma história. E hoje é o dia que ele vem nos visitar.

– E quem é esse contador de histórias?

– É o Tio Chico! – Tavinho respondeu animado.

– Adoro histórias e pipoca com manteiga! – comentei com Silvinho.

– Eu também! Era uma das coisas que mamãe fazia todas as noites antes de dormir.

Tavinho foi falar com outras crianças e eu perguntei ao Silvinho:

– Você me chamou, queria falar alguma coisa?

– Sim, eu quero saber se não rola uma vitamina de banana no café da manhã?

– Um bolinho de chuva igual da mamãe?

– E um milk-shake de chocolate?

– É melhor você ir se acostumando com esse mingau, que não rola nada diferente por aqui!

– Isso aqui é um mingau de fantasma, porque não tem gosto de nada!

Nós dois caímos na gargalhada.

Depois da sessão de mingau reconfortante e da oração fomos todos para a beira do lago. Todos estavam animados e ansiosos porque o Tio Chico iria chegar para contar uma história.

– Meninos, meninas, vamos nos sentando que o Tio Chico já está vindo para nos contar uma história – Martinha pediu.

— Quem é esse Tio Chico de que tanto falam, Blandina?

— João Hélio perguntou.

— Quero conhecer esse Tio Chico e ouvir as suas histórias.

— Tio Chico é uma pessoa muito especial e que tem muitas histórias para nos contar. Ele é muito amado por todos que vivem aqui na Escola Nosso Lar.

— Hummmm! — resmunguei com expectativa.

— Lá vem ele! — Tavinho apontou.

Eu me virei para olhar e tive a impressão de conhecer aquele rosto de algum lugar.

Depois de muitas saudações entusiasmadas, Tio Chico perguntou à criançada:

– Quem quer ouvir uma história?

A gritaria foi geral.

– Vai rolar uma pipoca com manteiga? – perguntei. Ninguém me respondeu, então, preferi ficar quieto.

– Hoje vou contar uma história muito especial para vocês.

A voz de Tio Chico era muito mansa e cheia de ternura, pude perceber.

Ele ia falando e a voz dele abraçava a todos nós.

Então, ele começou a contar
"A LENDA DO PEIXINHO AVENTUREIRO":

— No centro de formoso jardim, havia um grande lago, adornado de ladrilhos.

Alimentado por diminuto canal de pedra escoava suas águas, do outro lado, através de grade muito estreita.

Nesse reduto acolhedor, vivia toda uma comunidade de peixes, a se esbaldarem, felizes. A comunidade dos peixes que vivia ali elegeu um dos peixes mais antigos para ser o rei, e ali viviam, plenamente despreocupados, gulosos e preguiçosos.

Junto deles, porém, havia um peixinho vermelho, menosprezado de todos.

Não conseguia pescar a mais leve larva, nem se refugiar nos cantos barrentos do lago. Os outros peixes, famintos e gordos, pegavam para si toda a comida e ocupavam, sem se preocupar com a vida, todos os lugares reservados ao descanso.

O peixinho vermelho que nadasse e sofresse, problema dele.

Por isso mesmo era visto, em correria constante, sempre perseguido e atormentado de fome. O peixinho vermelho sofria bullying dos outros peixes.

145

Não encontrando pouso no grande lago, o pobrezinho não dispunha de tempo para brincar e começou a estudar com bastante interesse o mundo em que ele vivia.

Fez o levantamento de todos os ladrilhos que enfeitavam as bordas do poço, contou todos os buracos nele existentes e sabia, com precisão, onde se reuniria maior massa de lama por ocasião das grandes chuvas.

Depois de muito tempo, à custa de grandes pesquisas, encontrou a grade do escoadouro, por onde saia a água quando o lago transbordava.

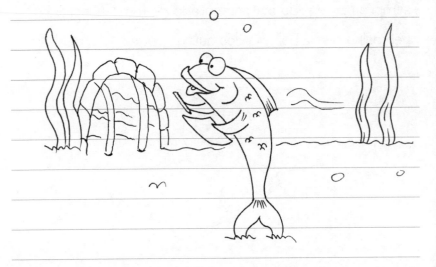

Diante da oportunidade de viver uma aventura, ele pensou:

"Não será melhor sair daqui e pesquisar a vida conhecendo outros rumos?"

Então, ele optou pela mudança através da aventura.

Apesar de estar muito magro, por comer muito pouco e viver sem nenhum conforto, num grande esforço ele perdeu várias escamas, e com grande sofrimento, para conseguir atravessar a passagem muito estreita.

Dizia a si mesmo que iria conseguir. Então ele avançou, otimista, pelo filete de água, e à medida que avançava mais se encantava com as novas paisagens, ricas de flores e sol que o defrontavam, e seguiu, cheio de esperança...

Em breve tempo, alcançou grande rio e adquiriu inúmeros conhecimentos.

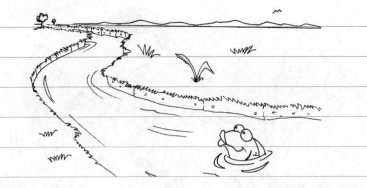

Encontrou peixes de muitas famílias diferentes, que com ele simpatizaram, instruindo-o quanto às dificuldades da marcha e apontando um caminho mais fácil.

Muito feliz, ele contemplou nas margens homens e animais, embarcações e pontes, palácios e veículos, cabanas e arvoredo.

Habituado com o pouco, vivia com extrema simplicidade, jamais perdendo a leveza e a agilidade naturais.

Conseguiu, desse modo, atingir o oceano, animado com as novidades e ansioso para aprender mais.

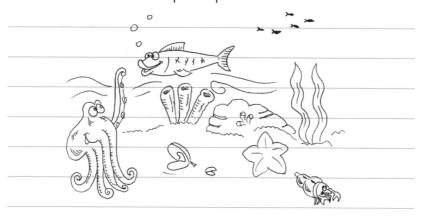

De início, porém, fascinado pela paixão de observar, aproximou-se de uma baleia para quem toda a água do lago em que vivera não seria mais que uma poça d'água; impressionado com o espetáculo, aproximou-se dela mais que devia e foi tragado com os elementos que lhe constituíam a primeira refeição diária.

Em apuros, o peixinho aflito orou ao Deus dos Peixes, rogando proteção na barriga do monstro e, mesmo diante da escuridão dentro da baleia em que pedia salvamento, sua prece foi ouvida, porque o ser enorme começou a soluçar e vomitou, soltando-o novamente às correntes marinhas.

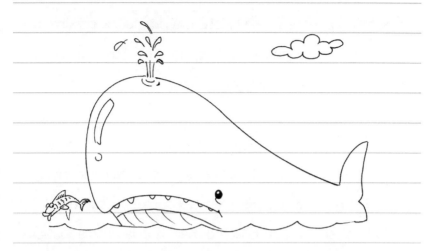

O peixinho, agradecido e feliz, procurou companhias simpáticas e aprendeu a evitar os perigos e tentações.

Plenamente transformado em seu conhecimento do mundo, passou a reparar as infinitas riquezas da vida.

Encontrou plantas luminosas, animais estranhos, estrelas móveis e flores diferentes no seio das águas.

Sobretudo, descobriu a existência de muitos peixinhos, estudiosos e elegantes tanto quanto ele, junto dos quais se sentia maravilhosamente feliz.

Vivia, agora, sorridente e calmo, no Palácio de Coral que elegera, com centenas de amigos, para residência feliz, quando, ao se referir ao seu começo laborioso, veio a saber que somente no mar as criaturas aquáticas dispunham de mais garantias, de vez que, quando a seca se fizesse mais arrasadora, as águas de outras altitudes continuariam a correr para o oceano.

O peixinho pensou, pensou... E sentindo imensa compaixão daqueles com quem convivera na infância, decidiu consagrar-se à obra do progresso e salvação deles.

Não seria justo regressar e contar-lhes a verdade? Não seria nobre ajudá-los, prestando-lhes a tempo valiosas informações?

Não hesitou.

Fortalecido pela generosidade de irmãos benfeitores que com ele viviam no Palácio de Coral, empreendeu comprida viagem de volta.

Tornou ao rio, do rio dirigiu-se aos regatos e dos regatos se encaminhou para os canaizinhos que o conduziram ao antigo lar.

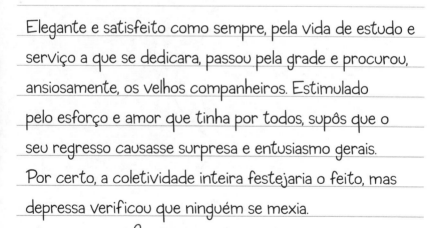

Elegante e satisfeito como sempre, pela vida de estudo e serviço a que se dedicara, passou pela grade e procurou, ansiosamente, os velhos companheiros. Estimulado pelo esforço e amor que tinha por todos, supôs que o seu regresso causasse surpresa e entusiasmo gerais. Por certo, a coletividade inteira festejaria o feito, mas depressa verificou que ninguém se mexia.

Todos os peixes continuavam pesados e preguiçosos, atolados nos mesmos ninhos lodacentos, protegidos por flores de lótus, de onde saíam apenas para disputar larvas, moscas ou minhocas.

Gritou que voltara a casa, mas não houve quem lhe prestasse atenção, porquanto ninguém, ali, havia dado pela ausência dele.

Ridicularizado, procurou, então, o rei de guelras enormes e comunicou-lhe a reveladora aventura. O soberano, algo entorpecido pela mania de grandeza, reuniu o povo e permitiu que o mensageiro se explicasse.

O peixinho desprezado, valendo-se do momento, esclareceu, com ênfase, que havia outro mundo líquido, glorioso e sem fim. Aquele poço era uma insignificância que podia desaparecer, de momento para outro. Além do escoadouro próximo havia outra vida e outra experiência. Lá fora, corriam regatos enfeitados de flores, rios caudalosos repletos de seres diferentes e, por fim, o mar, onde a vida aparecia cada vez mais rica e mais surpreendente.

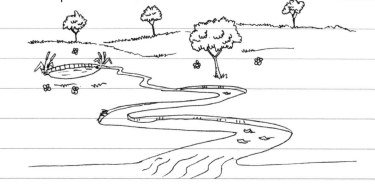

Descreveu o serviço de tainhas e salmões, de trutas e esqualos. Deu notícias do peixe-lua, do peixe-coelho e do galo-do-mar.

Contou que vira o céu repleto de astros sublimes e que descobrira árvores gigantescas, barcos imensos, cidades praieiras, monstros temíveis, jardins submersos, estrelas dos oceanos e ofereceu-se para conduzi-los ao Palácio de Coral, onde viveriam todos, prósperos e tranquilos.

Finalmente os informou de que semelhante felicidade, porém, tinha igualmente seu preço. Deveriam todos emagrecer, convenientemente, abstendo-se de devorar tanta larva e tanto verme nas regiões escuras do lago e aprendendo a trabalhar e estudar tanto quanto era necessário para partirem para a nova vida.

Antes que terminasse de falar, gargalhadas estridentes ironizavam suas palavras.

157

Ninguém acreditou nele.

Alguns peixes tomaram a palavra e afirmaram, com ingratidão, que o peixinho delirava, que outra vida além do poço era totalmente impossível, que aquelas histórias de riachos, rios e oceanos era mera fantasia de cérebro demente e alguns chegaram a declarar que falavam em nome do Deus dos Peixes, que trazia os olhos voltados para eles unicamente.

O soberano da comunidade, para melhor ironizar o peixinho, dirigiu-se em companhia dele até a grade de escoamento e, tentando, de longe, a travessia, exclamou, borbulhante:

- "Não vês que não cabe aqui nem uma só de minhas barbatanas? Grande tolo! Some daqui!

Não nos perturbes o bem-estar... Nosso lago é o centro do Universo... Ninguém possui vida igual à nossa!...".

Expulso a golpes de ironia, o peixinho realizou a viagem de retorno e instalou-se, em definitivo, no Palácio de Coral, aguardando o tempo.

Depois de alguns anos, apareceu pavorosa e devastadora seca.

As águas desceram de nível. E o poço onde viviam os peixes preguiçosos e vaidosos esvaziou-se, e a comunidade inteira desapareceu, atolada na lama...

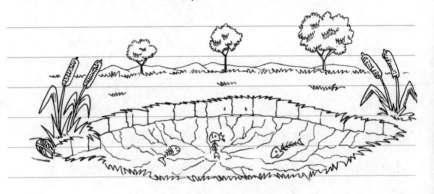

— Era essa a história que tinha para contar hoje.

— Puxa! Que história é essa? — falei animado e todas as crianças numa só voz disseram:

— Tio Chico, conta outra história!

— Eu volto para contar novas histórias para vocês, crianças — ele respondeu com alegria na voz.

Fiquei pensando que aquela história bem que poderia se chamar a História do Peixinho Fantasma, porque na comunidade dele ninguém o enxergava nem valorizava.

— Eu gostei da história, menos daquela parte em que o peixinho foi maltratado pelos outros peixes gordões — Silvinho falou com alguma tristeza.

– Ninguém gosta de ser deixado de lado, não é? – Lucas perguntou olhando para mim.

– É verdade, eu nunca gostei de ser invisível, mas aconteceu comigo.

– Mas, agora não somos todos invisíveis? – Bianca perguntou se aproximando junto de Malu.

– Somos sim, mas estamos vivos, porque ninguém morre, só não é visto pelos olhos de quem fica na Terra – falei com convicção.

– Você está certíssimo, Bernardo! – Tavinho confirmou minhas palavras.

– Pessoal, agora precisamos nos preparar, porque está chegando a hora das visitas – Martinha avisou.

– Hora das visitas? – João Hélio perguntou.

– Isso mesmo, é a hora em que os pais que estão na Terra vêm visitar os filhos aqui na Escola Nosso Lar.

– Então, a minha mãe vem me visitar? – Silvinho sorriu ao perguntar.

– Ainda não é dessa vez que ela vem, Silvinho, porque faz pouco tempo que você chegou aqui, mas não vai demorar muito para que você possa abraçá-la.

– Pode abraçar meu avô, Silvinho. Quando ele chegar eu empresto meu avô Zeca para te abraçar – falei tentando ajudar.

— Obrigado, Bernardo, mas quero abraçar a minha mãe mesmo.

— Não se preocupe que ela vem na hora certa. As coisas aqui funcionam assim, bem certinho. Recebemos as visitas quando estamos prontos. Não é Martinha?

— Bernardo tem razão, Silvinho, aguarde o próximo dia de visita e sua mãe estará aqui. Logo depois que nossos familiares dormem eles vêm nos procurar e alguns quando acordam ficam com a impressão de terem sonhado conosco. E é assim que sua mãe chegará até aqui para te abraçar.

E, finalmente, chegou a hora das visitas e as crianças ficaram todas no jardim da Escola Nosso Lar, aguardando os familiares chegarem.

Para surpresa de Bernardo, alguns colegas da escola vieram visitá-lo.

Angel correu na direção dele.

E fizeram um círculo em torno de Bernardo, que disse:

— Você faz falta na nossa escola, Bernardo! — Angel disse abraçando ele.

— Ei, Silvinho! Vem aqui que te empresto todos esses meus amigos!

Silvinho, que estava sentado num banco sozinho, sorriu e se aproximou.

— Esses são meus amigos da escola.

E todos abraçaram Silvinho, e Angel, muito beijoqueira, beijou ele também.

– Acho que agora já chega de beijo, né pessoal! – falei incomodado.

O jardim da escola começou a ficar movimentado, pois eram tantos familiares que chegavam para ver suas crianças. Abraços e mais abraços, beijos e mais beijos, preces e mais preces.

E ele não poderia faltar e sempre que eu o via meu coração ficava em festa.

Meu avô Zeca chegava acompanhado dos meus pais. Nos abraçamos muito naquela festa de carinho e saudade.

Pena que o que é bom dura pouco.

Mas, ainda pude ver a beijoqueira da Angel toda feliz com o Silvinho.

E logo todos partiram e quando despertassem manifestariam uma alegria pela noite de sonho que tiveram na visita à Escola Nosso Lar.

E nós voltamos às nossas aulas.

– Quero saber quando as meninas irão participar de alguma missão como os meninos? – Bianca perguntou inconformada.

– Isso mesmo, aqui nessa escola os meninos têm preferência? – Malu falou com ares de zangada.

– Calma meninas! Vocês irão na próxima missão, porque algumas situações pedem a atuação de garotas como vocês – Martinha esclareceu.

– E o que vamos fazer? – Bianca perguntou toda animada.

– Ei, pessoal! Eu gostaria de ir junto para poder contar a história no Diário de um Fantasminha 2, o que acham disso? – falei interessado.

– Hummm – fez a Martinha.

– Acho que ele tem razão, meninas. O Bernardo está escrevendo o Diário 2 e precisa da nossa ajuda – Tavinho comentou, convencendo a todas.

– Então, quando partimos?

– Calma Bernardo, mas nossa nova história já vai começar – Martinha falou sorrindo.

– Bem que eu, o João Hélio e o Silvinho poderíamos ir junto para aprender também.

– Hummm – fez a Blandina, entrando para o time do hummm.

– Eu não me importo se eles forem com a gente – Malu falou dando de ombros.

— Eu também não! — Bianca aceitou.

— Então, se vamos descer à Terra com meninos e meninas, todos irão trabalhar e poderemos ajudar algumas crianças que estão precisando de auxílio para virem estudar na Escola Nosso Lar. Certo pessoal? — Blandina perguntou.

— Viva!!! Todos gritaram felizes.

E no dia seguinte, todos partimos com muita alegria.

– Ei! Eu conheço essa casa! – Silvinho falou emocionado assim que descemos em frente àquele lar que eu também conhecia.

– Viemos aqui para que você possa abraçar sua mãe. Ela já pode receber seu abraço e você já está recuperado para poder abraçá-la – Blandina esclareceu Silvinho.

E todos fomos entrando na casa do nosso amiguinho.

Ele ia à nossa frente.

Ele entrou na sala e foi passando a mão pelos móveis e por todas as coisas, como se estivesse recordando do tempo que viveu ali.

Então, ele entrou em seu antigo quarto e percebeu que seus antigos brinquedos estavam com um outro menino que ele não conhecia.

O rosto de Silvinho se transformou e ele demonstrou estar com raiva.

Todos ficaram em silêncio observando.

Nesse momento, a mãe de Silvinho entrou no quarto e nos surpreendeu, quando disse:

Nessa hora Silvinho falou com raiva:

– Calma Silvinho! – Blandina pediu. – Não devemos tirar conclusões precipitadas das situações.

E foi nesse momento que dona Branca, mãe de Silvinho, emocionou a todos.

Ela abraçou o menino dizendo:

— Ainda bem que Deus mandou você como filho do meu coração e eu pude te adotar. Tenho certeza que Silvinho ficou feliz com meu gesto de ter um filho adotivo para me ajudar a vencer a saudade que sinto dele.

MÃEZINHA, EU SEMPRE QUIS TER UMA FAMÍLIA E HOJE SOU MUITO FELIZ EM SER SEU FILHO. VAMOS FAZER UMA PRECE PELO SILVINHO DO JEITO QUE A SENHORA ME ENSINOU?

SIM, MEU FILHO DO CORAÇÃO! VAMOS ORAR PELO SILVINHO E ELE VAI RECEBER O NOSSO CARINHO PELA PRECE.

Ficamos todos emocionados e surpresos com a cena. Do coração de dona Branca e do seu filho adotivo saíam energias que envolviam Silvinho com muito amor.

Naquele instante, o rosto de Silvinho se iluminou num sorriso de muita paz e harmonia.

E todos nós também fizemos a nossa prece silenciosa.

— Veja como a sua mãe está melhor, Silvinho! Ela está conseguindo superar a tristeza dando amor a outra criança que não tinha família — Blandina falou com emoção.

— Aproveite esse momento e vá abraçar sua mãe e seu novo irmão — Martinha sugeriu.

Silvinho atendeu e abraçou a mãe e o irmão adotivo.

— Parece que estou sentindo a presença dele aqui ao nosso lado! — Dona Branca disse ao ser abraçada.

– Fiquei com raiva quando chegamos e vi esse menino com meus brinquedos.

– Estamos aprendendo muitas coisas, Silvinho. E uma delas é desapegar daquilo que não podemos carregar dentro do coração – Tavinho comentou.

– Não precisa ter vergonha, porque todos nós agiríamos assim se estivéssemos no seu lugar, mas a sua mãe tem muito amor no coração e decidiu cuidar de quem nunca teve um lar como esse. E assim ela pode te ajudar também, porque ela vivia triste e se sentindo só, e quando decidiu amar quem não tinha amor todos ganharam e ficaram felizes.

– É verdade, Blandina! Da próxima vez ela irá na hora da visita me visitar levando meu irmãozinho!

– Essa é a matemática do amor que aprendemos na Escola Nosso Lar, quanto mais dividirmos o amor, mais amor teremos – Martinha falou sorrindo. – Não é Bernardo?

— Hummm!

— Hummm, por que, Bernardo?

ESSE HUMMM É DE QUEM CONCORDA, E EU JÁ ESTOU GOSTANDO DE MATEMÁTICA.

— E a nossa missão? — Malu perguntou.

— Isso mesmo! Quando começa a missão das meninas quase poderosas? — Bianca indagou sorrindo.

#PARTIUMENINAS

– Vamos a um hospital conhecer a Cecilia. E lá as meninas vão conversar com ela. A missão é fazer amizade e ganhar a confiança da menina.

– E nós vamos fazer o quê? – indaguei.

– Os meninos vão ajudar aguardando – Martinha avisou.

– Sem fazer nada? – Lucas questionou.

– Exercitando o poder da paciência, é claro! – Tavinho disse sorrindo.

Entramos no hospital e encontramos outros espíritos trabalhando por lá. Ajudando e cuidando das crianças.

Era um hospital infantil e pude ver muitos avôs e avós, pais e mães invisíveis como nós, mas cuidando das crianças que estavam doentinhas.

– Lá está ela no corredor! – Blandina apontou uma menina que estava sentada numa poltrona sozinha.

– Agora meninas, chegou a hora da missão de vocês. Aquela menina é a Cecilia que não quer sair daqui de jeito nenhum. Ela não confia nos adultos, porque nunca teve uma família e vivia num orfanato para onde não quer voltar. Acreditamos que outras meninas como ela podem convencê-la a sair daqui e ir conosco para a Escola Nosso Lar.

– Está certo, Blandina! – Bianca falou decidida.

– Vamos conversar com ela e fazer amizade – Malu disse animada.

– Vamos ficar aqui esperando vocês – Martinha afirmou esperançosa.

– Oi! – Malu cumprimentou tentando conversar.

– Oi! – Bianca seguiu a amiga na saudação.
– Hummm – Cecilia respondeu.

– Nossa, você faz igual a um amigo nosso! – Malu comentou.

– É mesmo, esse hummm parece que pega como gripe – Bianca explicou.

De longe ficamos observando e tentando adivinhar o que as meninas diziam.

No começo elas ficaram de pé, depois de alguns minutos as três sentaram-se no chão.

E começamos a perceber que elas tagarelavam sem parar.

E fomos ficando cansados de tanto esperar.

Depois de algum tempo Blandina e Martinha decidiram se aproximar.

E as duas também se sentaram no chão se juntando às meninas.

E depois de não sei quanto tempo todos voltamos à

Escola Nosso Lar, levando Cecília conosco.

E durante nosso trajeto volitando por sobre as cidades, os meninos iam atrás com Tavinho. E as meninas iam junto com Blandina e Martinha.

Os meninos indo atrás cansados de ouvir apenas as meninas falando.

Mas, estávamos todos felizes voltando para o Nosso Lar.

— Vamos fazer um lanchinho? — Martinha perguntou.

Pensei naquele mingau estranho, mas fiquei feliz. Até que eu já estava me acostumando e gostando daquela papinha.

— Eu aceito! — disse animado.

— Hummm! — Blandina resmungou, se apossando do meu hummm.

— Nem sinto mais saudades da batata frita, nem do hambúrguer — falei feliz.

E quando chegamos fomos todos nos alimentar.

– A alimentação daqui é bem saudável, não é Bernardo?
– É verdade, os refrigerantes e o ketchup não fazem parte desse mundo light.

– Sim Bernardo, à medida que vamos nos readaptando com a vida no mundo espiritual os alimentos vão ficando mais sutis.

– E de sorvete, você não tem mais saudade, Bernardo?
– Tavinho perguntou.

– Calma, calma... Já ouvi dizer que a natureza não dá saltos, por isso, ainda sinto saudades de um bom sorvetinho de chocolate.

Dias depois meu avô Zeca falou comigo carinhosamente:

– Finalmente, o Diário de um Fantasminha 2 ficou pronto, não é Bernardo?

– Ufa!! Eu consegui, vovô!

– E o Diário de um Fantasminha 3?

– Já estou me preparando e começando a escrever para que os meus leitores não esperem por tanto tempo.

– E já tem nome o próximo Diário?

– Hummm! Tem sim, vovô! Vem aí:

Adeilson Salles

Natural do Guarujá, litoral de São Paulo. É escritor, palestrante e poeta premiado pela Prefeitura Municipal do Guarujá.

Até o momento, tem 96 livros publicados para crianças, jovens e adultos. Desse número, a grande maioria é dedicada à literatura infantojuvenil.

Alguns de seus títulos são paradidáticos e foram adotados em escolas públicas e particulares.

Sua obra, de cunho infantojuvenil, também foi adaptada para o teatro e traduzida para a língua inglesa.

O êxito de seu trabalho se reflete na participação constante nas maiores bienais e feiras do livro do Brasil.

Atua como palestrante e contador de histórias em centros espíritas, escolas públicas e particulares, universidades e empresas.

Rui Joazeiro

Sou publicitário, escultor e ilustrador. Fiquei muito contente em fazer parte deste projeto da Intelítera Editora e dar "vida" ao "Diário de um Fantasminha 1". Espero que curtam de montão esta obra literária, feita com muito carinho, de todos nós para vocês.

Para receber informações sobre nossos lançamentos, títulos e autores, bem como enviar seus comentários, utilize nossas mídias:

intelitera.com.br
(@) atendimento@intelitera.com.br
▶ youtube.com/inteliteraeditora
⊙ instagram.com/intelitera
(f) facebook.com/intelitera

▶ Adeilson Salles
⊙ adeilsonsallesescritor
(f) adeilson.salles.94

Esta edição foi impressa pela Lis Gráfica e Editora no formato 140 x 210mm. Os papéis utilizados foram o papel Off Set 75g/m² para o miolo e o papel Cartão Ningbo Fold 250g/m² para a capa. O texto principal foi composto com a fonte CoopForged 14,5/22,5.